Rilkey Language Systems software available on google play store and FREE on amazon underground.

Hello.
How are you?
Very well.
Welcome to Paris.
Thank you.

Hallo.
Wie geht es Ihnen?
Sehr gut.
Willkommen in
Paris.
Danke.

Can i help you?
I have a reservation.
May i have your name?
I forgot my name!

Kann ich Ihnen helfen?
Ich habe eine Reservierung.
Darf ich bitte Ihren Namen erfahren?
Ich habe meinen Namen vergessen!

Do you have a room free?

Yes. I have a single room free.

I will take it.

Here is the key.

Haben Sie ein
Zimmer frei?
Ja. Ich habe ein
Einzelzimmer frei.
Ich nehme es.
Hier ist der
Schlüssel.

What floor is the
room on?
The fifth floor.
Is there an elevator?
Yes. Just behind
you.

Auf welchem Stock
ist das Zimmer?
Im fünften Stock.
Gibt es einen
Aufzug?
Ja. Direkt hinter
Ihnen.

How far is the beach?
Five minutes walk.
How do i get there?
Go through those doors.

Wie weit ist es zum
Strand?
Fünf Minuten zu
Fuß.
Wie komme ich da
hin?
Gehen Sie durch
diese Türen.

How much does it cost?
Fifty euros.
That is too expensive.
I have a cheaper one.

Wie viel kostet es?
Fünfzig Euro.
Das ist zu teuer.
Ich habe ein
billigeres.

The sand is hot!
It burns my feet!
Let's run!
Ouch!

Der Sand ist heiß!
Er verbrennt meine
Füße!
Lassen Sie uns
laufen!
Autsch!

Hello.

Hello. My name is Thomas.

I am pleased to meet you.

The pleasure is mine.

Hallo.

Hallo. Mein Name ist Thomas.

Ich freue mich, Sie kennenzulernen.

Die Freude ist ganz meinerseits.

That was a great
day.
I really enjoyed it.
Tomorrow will be
fun.
Let's go to sleep.

Das war ein großartiger Tag. Ich habe ihn wirklich genossen. Morgen wird es Spaß machen. Lasst uns schlafen gehen.

It is raining.
When will it stop?
This afternoon.
Let's have a nap!

Es regnet.
Wann wird es
aufhören?
Heute Nachmittag.
Lassen Sie uns einen
Mittagsschlaf
machen!

I love the rain.
I love you.
I love you too.
Will you marry me?

Ich liebe den Regen.
Ich liebe dich.
Ich liebe dich auch.
Willst du mich
heiraten?

Let's go out to diner.
Where?
To a restaurant.
Which restaurant?

Gehen wir zum Abendessen.
Wo?
In ein Restaurant.
Welches Restaurant?

You are funny.
You are sweet.
Let's have a drink.
With pleasure.

Sie sind lustig.
Sie sind süß.
Lasst uns etwas
trinken gehen.
Gerne.

It is very warm.
Would you like to swim?
No. Let's sit in the shade.
Good idea.

Es ist sehr warm.
Würden Sie gerne
schwimmen gehen?
Nein. Setzen wir uns
in den Schatten.
Gute Idee.

This restaurant is busy.
We must wait for a table.
It won't be long.
I hope not.

Dieses Restaurant ist voll.

Wir müssen auf einen Tisch warten.

Es wird nicht lange dauern.

Ich hoffe nicht.

What would you
like to eat?
A pizza.
What kind of pizza?
With vegetables.

Was würden Sie
gerne essen?
Eine Pizza.
Welche Art von
Pizza?
Mit Gemüse.

I would like to rent
a car.
Small or large?
Small please.
For how much time?

Ich möchte ein Auto
mieten.
Klein oder groß?
Ein kleines bitte.
Für wie lange??

What time is breakfast?
breakfast?
From eight to ten.
Where is breakfast served?
First door on your left.

Um wie viel Uhr
gibt es Frühstück?
Von acht bis zehn.
Wo gibt es
Frühstück?
Erste Tür auf der
linken Seite.

What time do you close?
Ten o'clock.
That is late.
It is perfect.

Um wie viel Uhr
schließen Sie?
Zehn Uhr.
Das ist spät.
Es ist perfekt.

We will come here
again.
I hope so.
It was delicious.
Dessert was
delicious.

Wir werden wieder
hierher kommen.
Hoffentlich.
Es hat sehr gut
geschmeckt.
Das Dessert war
köstlich.

Do you have the key?
It is in my pocket.
I thought we lost it.
It is safe.

Haben Sie den
Schlüssel?
Er ist in meiner
Tasche.
Ich dachte, wir
haben ihn verloren.
Er ist sicher.

Drive faster.
No. That is
dangerous.
We will miss our
train.
We will not be late.

Fahren Sie schneller.

Nein, das ist
gefährlich.

Wir werden unseren
Zug verpassen.

Wir werden nicht zu
spät kommen.

Please slow down.
I don't feel good.
We are almost there.
I am going to be
sick.

Bitte fahren Sie langsamer.

Ich fühle mich nicht gut.

Wir sind fast da.

Mir wird übel.

I am hungry.
I am thirsty.
Let's stop and eat.
In a half hour.

Ich bin hungrig.
Ich bin durstig.
Lassen Sie uns
anhalten und etwas
essen.
In einer halben
Stunde.

How much does it cost?

Fifty euros.

I will take two please.

That will be one hundred euros.

Wie viel kostet es?

Fünfzig Euro.

Ich nehme zwei

Stück.

Das sind

dannhundert Euro .

Where should we go?
Let's go south.
Shall we take the train?
No. Let us rent a car.

Wohin sollen wir
gehen?
Gehen wir nach
Süden.
Sollen wir den Zug
nehmen?
Nein, lass uns ein
Auto mieten..

How beautiful!
Like you!
You flatter me.
I enjoy it.

Wie schön!
Wie Sie!
Sie schmeicheln mir.
Ich genieße es.

Let's take a boat
ride.
There is one at noon.
I will buy the tickets.
I will buy lunch.

Machen wir eine Bootsfahrt.

Es gibt eine am Mittag.

Ich werde die Tickets kaufen.

Ich werde Mittagessen kaufen.

The water is so blue!
The sky is blue!
Everything is blue!
And salty!

Das Wasser ist so
blau!
Der Himmel ist
blau!
Alles ist blau!
Und salzig!

Let's stay here forever.

I wish I could stay.

Must you leave?

I leave in one week.

Lassen Sie uns für immer hier bleiben. Ich wünschte, ich könnte bleiben. Müssen Sie gehen? Ich gehe in einer Woche.

I will see you in six months.
That is too long!
I will see you in six weeks.
That is better.

Ich werde Sie in sechs Monaten sehen.

Das ist zu lang!

Ich werde Sie in sechs Wochen sehen.

Das ist besser.

I have sand in my shoes.
Empty them.
I already did.
Wash your shoes.

Ich habe Sand in
meinen Schuhen.
Leeren Sie sie.
Das habe ich schon.
Waschen Sie Ihre
Schuhe.

I need new clothes.
Why?
These are too warm.
They look pretty.

Ich brauche neue
Kleidung.
Warum?
Diese ist zu warm.
Sie sehen hübsch
aus.

Would you like dessert?

Just the bill please.

You can pay at the counter.

Thank you.

Hätten Sie gerne
Dessert?
Nur die Rechnung
bitte.
Sie können an der
Kasse bezahlen.
Danke.

Where is the
bathroom?
Over there.
Down the stairs?
And around the
corner.

Wo ist die Toilette?
Da drüben.
Die Treppe
hinunter?
Und um die Ecke.

Good morning.
How are you?
Fine thank you.
Do you want
breakfast?

Guten Morgen.
Wie geht es Ihnen?
Gut danke.
Wollen Sie
Frühstück?

What would you like to eat?
Eggs.
What would you like to drink?
Orange juice.

Was würden Sie
gerne essen?
Eier.
Was möchten Sie
trinken?
Orangensaft.

What time is it?
Almost lunchtime.
Good!
Are you hungry?

Wie spät ist es?
Fast Mittag.
Gut!
Sind Sie hungrig?

You are a nice
person.
Thank you.
You are also a nice
person.
We are a nice
couple.

Sie sind nett.

Danke.

Sie sind auch nett.

Wir sind ein nettes
Paar.

Next year will be
better.
I hope so.
Have faith.
I will be brave.

Das nächste Jahr
wird besser.
Hoffentlich.
Haben Sie
Vertrauen.
Ich werde tapfer
sein.

Do you know the way?
I remember the way.
You have a good memory.
I have a big brain.

Kennen Sie den
Weg?
Ich erinnere mich an
den Weg.
Sie haben ein gutes
Gedächtnis.
Ich habe ein großes
Gehirn.

What a nice day.
I agree.
Shall we go for a
walk?
It is a good day for a
walk.

Was für ein schöner
Tag.
Stimmt.
Wollen wir
spazieren gehen?
Es ist ein guter Tag
für einen
Spaziergang.

What is that thing?
That is a car.
It looks like a boat.
It is a strange boat.

Was ist das für ein
Ding?
Das ist ein Auto.
Es sieht aus wie ein
Boot.
Es ist ein seltsames
Boot.

What kind of man
are you?
I am a foolish man.
What kind of man
will you be?
I will be an older
man.

Welche Art von
Mann sind Sie?
Ich bin ein dummer
Mann.
Welche Art von
Mann werden Sie
sein?
Ich werde ein älterer
Mann sein.

The world is
changing.
Everything changes.
I do not change.
I can see that.

Die Welt verändert sich.

Alles verändert sich.

Ich verändere mich nicht.

Das sehe ich.

Life is beautiful.
Life is too short.
I wish it were
longer.
Sleep less!

Das Leben ist schön.
Das Leben ist zu
kurz.
Ich wünschte, es
wäre länger.
Weniger schlafen!

Take my hand.
I'm scared.
Hold my hand.
I feel better now.

Nimm meine Hand.
Ich habe Angst.
Halte meine Hand.
Jetzt fühle ich mich
besser..

I like this part.
Yes. It is the best part.
It's so exciting!
Hold my hand.

Ich mag diesen Teil.
Ja. Es ist der beste
Teil.
Es ist so aufregend!
Halte meine Hand.

I want another child.
You have three!
I want more.
Three is enough!

Ich möchte ein
weiteres Kind.
Sie haben drei!
Ich will mehr.
Drei ist genug!

My eyes hurt.
The sun is strong.
It is the salt.
Wash your eyes.

Meine Augen
schmerzen.
Die Sonne ist stark.
Es ist das Salz.
Waschen Sie Ihre
Augen aus.

www.ingramcontent.com/pod-product-compliance
Lightning Source LLC
Chambersburg PA
CBHW060130050426

42448CB00010B/2054